늑대 불알은 싱겁다

늑대 불알은 싱겁다

조성국 시집

詩와에세이

2010

차례

제1부

제2부

제3부

제4부

제5부

제1부

버릇

엄마 젖
꼴깍

밥 한 그릇
꿀꺽

물 한 모금
꼴깍

술 한 대접
꿀꺽

제 몸마저
꿀떡

개기일식

몇 십 년 만에 나타나는
개기일식이 있는 날이다
달이 해를 야금거릴 때
미개인은 공포에 떠는데
여인의 웃음소리 커진다
언제부터인가 나에게도
일식의 조짐이 나타난다

해와 달과 내가 구르다가
나를 가운데 세워놓더니
보름달이 환하게 웃는다
비행기 트랩에서 흔드는
영부인의 손이 눈부시다
하현달 닮은 아내의 눈에
부러운 듯 잔 그늘이 진다

해와 달의 팽팽한 직선

예각보다 더 날카롭다
요즈음 점점 잦아진 일식
후광 한번 받아보지 못한
아내의 눈이 심상치 않다
그녀를 바로 보지 못하는
내 마음도 개기일식이다

몸의 교향악

내 몸에 악기가 있다
마디마다 음절마다
똑똑, 오도독
뚝뚝, 우두둑
음색이 다른
타악기가 있다

내 몸에 악기가 있다
대롱마다 구멍마다
쪼록 쭈룩 뿌웅뿡
콜콜 쿨쿨 드르렁
가락이 다른
관악기가 있다

내 몸에 악기가 있다
악기마다 시간마다
콩닥, 쿵덕, 쿵쾅쿵쾅

색색, 식식, 헐떡헐떡
템포가 변하는
자동악기가 있다

내 몸이 합주를 한다
물소리 바람소리
시간이 지날수록
달라지는 음자리표
메트로놈 멈출 때까지
연주는 이어진다

길 없는 길

터널을 지나 빗속을 간다
고개를 넘어 빛길을 간다
빛은 등성이를 키우고
비는 골짜기를 기른다
비와 빛 사이에
산등성이와 골짜기가 자란다

오르막이 있으면 내리막이 있다는
선인의 말을 가로질러
오르막이 있으면 터널이 있고
골짜기가 있으면 육교가 있다
산등성이는 터널을 뚫고
산골짜기는 육교를 낳는다

가파른 오르막길을 힘겹게 올라
어디로 가는지도 모르고
길옆도 기웃거릴 새 없이

어둠의 긴 터널을 지나서
휘도는 강변길 길이 아닌
확 트인 4차선 도로를 달린다

위험하니 제발 천천히 가라
해도, 자꾸자꾸 빨리 달린다
공사 중인 육교로 들어섰다
끝이 보이지 않는 길
공사 중이라는 푯말에
자주 길을 잃어버리곤 한다

몽몽(夢夢)

대부도 유원지 주차장에
늙은 개 한 마리
지난밤, 가족상봉의 꿈
개꿈인 줄 모른다

지나는 사람을 보고
몽몽(夢夢)
들어오는 차를 보고
망망(望望)
떠나는 차를 보고
망망(亡亡)

집이 어디냐고 물어도
자식이 누구냐고 물어도
망망(忘忘)

'개 팔자 상팔자' 였던

만 년이 서러운

몽몽(夢夢) 망망(望望) 망망(亡亡) 망망(忘忘)

망망(茫茫)한 바닷가에
점점 희미해지는 소리
멍멍한 귓속을 맴돈다

오늘밤도
늙은 개는 꿈을 꾸겠지

정당에 대하여

아지랑이 너머 아물아물 먼 하늘에서 백로와 까마귀가 꼬리잡기 놀이를 한다 쫓고 쫓기며 서로 상승기류를 타려고 빙글빙글 하늘에 원을 그린다

꽁꽁 얼은 얼음장 밑에는 집 없는 피라미떼가 허리띠 졸라매고 차디찬 물길을 따라 떠돈다 '숙식 제공 일당 삼만 원' 이란 소문에 귀가 솔깃하여 바람 따라 피라미 일당 정말 줄래줄래 따라 나선다

광장에 피어나는 환한 촛불의 아우성에 깜짝 놀란 백로는 쏜살같이 내려왔다 어설피 촛불의 심지를 찍어본다 앗 뜨거! 머리를 설레설레 흔들며 저만치 물러서서 후후 불어본다 까마귀는 날개를 쫙 펴서 바람막이가 되어 촛불의 심지를 돋우면서 상승기류를 탄다

일회용 컵 속에서 파르르 촛불을 지키는 일당과 일당을 지키는 검은 그림자가 광장을 쥐락펴락하는 놀이 한

마당에 한밤이 활활 사그라들고 있다

모순의 모순은 정당이라는 소문만 나돌았다

수렁

흙과 물이 몸을 섞는다
흙덩이가 물을 만나면
차갑게 응결된 속내까지
흐물흐물 녹아내린다
물이 솟아야 수렁이다
수렁의 질은 물의 양과
원주의 폭이 좌우한다

옆에만 가까이 가도
덩실덩실 신이 나서
어깨춤을 춘다
핏줄에 스멀스멀 스미던
물줄기를 기억하는가
벌러덩, 가슴을 열고
몸을 통째로 맡긴다

손가락 하나를 살그머니

넣었다 빼본다
아무런 표정도 없다
삽날을 쑥 찔렀다
싹 빼본다
'삽' 하고 입을 다문다
아무런 몸짓도 없다

장화발로 푸욱 밟았다
물고 놓아주지 않는다
점점 빨려 들어간다
삽자루를 짚고 빼낸다
'쫘악 빽, 아호'
미처 입을 닫지 못하고
헤벌레, 침만 흘린다

수렁에 빠져
죽은 사람도 있다고

모두 수렁을 피해 간다
벼 한 포기 낳지 못한
차디찬 둘치이지만
철철 넘치는 생수는
무논을 퐁퐁 살찌운다

물비린내

비가 내린다
온누리에 비가 내린다

우산을 받고 걸어간다
손바닥을 쓰고 뛰어간다
빗물이 튀어 오른다
신발이 젖고
바짓가랑이가 젖는다
바람이 분다
비가 세상을 빗질한다
우산으로 앞을 가려도
허전한 등이 젖는다

비리비리 비 맞은 사람만
들어갈 수 있다는 큰 집
문지기가 냄새를 맡는다
비 냄새 나는 사람

젖은 신에서 발뺌을 한다
바짓가랑이를 툭툭 털고
등을 슬쩍 돌린다
속이 훤히 비쳐 보이는
옷이 비비 틀린다

발자국을 옮길 때마다
뚝뚝 떨어지는 빗방울
남모르게 살살 털어낸다
숨 쉴 때마다
확확 풍기는 비린내
손사래로 살래살래
물비린내를 지운다
비를 맞고도 안 맞은 척
억지로 문을 통과한다

비리비리한 사람만

큰 집으로 쏙쏙 들어간다

눈사람 팔자

머리가 몸통만하고
몸통이 머리통만한
눈사람, 8자를 고쳐
팔등신이 되고 싶다

뒤집어 놓아도
거꾸로 놓아도
돌려놓아도
그 8자가 그 팔자다

8자 타령하다
몸져누운 그
∞의 공간을
한없이 헤맨다

팔자를 고치려다
8자를 깨트려

00 되어
물방울로 흐른다

8자는 못 고친다
고치면 팔자가 아니다
0은 ∞로 만나
8자로 다시 태어나리

내시경

내시경이 내 속을
빠끔히 들여다본다
식도에서 십이지장까지
선홍색 동굴을
샅샅이 뒤져
모니터에 공개한다

속 보인다, 속 보여
정말로 속이 보인다
조그마한 얼룩까지
하나하나 읽어낸다
사진 속에는
내 비밀도 찍혔으리

전문의는 사진을 보며
조목조목 선고한다
만성위염 판결을 하고

즉석에서 석방한다
집행유예 일 년
정말 속 보인다, 속 보여

저 사진 속에 감춘
비밀을 근거로
나를 법정에 세운다면
어떤 판정이 날까
형량은 모르지만
분명 무죄는 아니다

속 보인다, 속 보여

대파

이른봄 진도에 가면
들판에 붓이 꽂혀 있다

누군가 시를 쓰다 말고
시상이 떠오르지 않아
잠깐 산책이라도 나갔나
시집 한 권 묶어놓고
발간 축하연을 하러 갔나

시집 한 권 내지 못한
파파노인 바다만 바라보다
내공으로 꽉 채운 붓대
우지끈 절필하는 날
매운 눈물 줄줄 흘리리

이른봄 진도에 가면
들판에 창이 꽂혀 있다

누군가 전쟁을 하다 말고
전세가 불리해지자
창을 버리고 도망을 갔나
적군을 대파하고
승리의 축배를 들러 갔나

전쟁터를 총총 누비던
백전노장이 적을 무찌르다
적의 피로 물든 창끝
개선하여 돌아오는 날
은빛 폭죽 파파 터뜨리리

무재칠시(無財七施)*

양지 아파트 축대 벽화 두 폭
지나던 내 시선을 빨아들인다
시멘트 냄새 나는 수직의 벽이
수평으로 열린 무한대의 공간
도심의 전원으로 변신을 했다

누구의 붓끝이 흘린 원근(遠近)인가
황룡사 노송도를 그린 솔거가
새를 속여 떨어지게 했다더니
환시(幻視)라 우기고 싶지 않은, 난
그림 속으로 자꾸만 들어간다

가진 것은 오직 붓과 그림물감
작은 것을 가지고 크게 베푸는
그는, 부처님의 무재칠시보다
하나 더 재시(才施)를 베푼 보살이다
'누가 있어야만 베푼다' 말하랴

나는 보았다 무재칠시의 보살을
나에게 영원한 보살이신 어머니
그때 한 여인의 보살이었던 나
어머니도 나도 보살이었다
누구나 한땐 누군가의 보살이다

* 무재칠시(無材七施): 석가모니 말씀으로 아무 재산이 없더라도 줄 수 있는 것은 일곱 가지 즉 화색의 얼굴, 사랑의 말, 따뜻한 마음, 호의적인 눈, 몸으로 대신하는 일, 자리 내주는 일, 상대의 속을 헤아리는 일이다.

제2부

집으로 가는 길

힘찬 태동소리 요란하다
하얀 양수 포말로 쏟아낸다
길게 뻗은 한 가닥 탯줄을
수평선 너머에 묶어 놓았다

물결은 뱃전을 치며
귀로를 재촉한다
북극성 길잡이 삼아
제주해협을 항해한다
잔물결 헤치고 큰 파도 타면서
부푼 마음 지친 몸 거두어
돌아가는 길

뱃속에서 나오자마자
떠나온 제 집으로 돌아간다

나무 속으로

쓰러진 고춧대에 지주를 세우려 아내의 등에 박혀 텃밭으로 나갔다 건축현장에서 주워온 헌 각목 붉게 녹슨 대못 하나 콱 박혀 있다 장도리로 물고 당겨도 빠지지 않는다 뺄 테면 빼 보라는 듯 코웃음만 친다 원래 쇠와 나무는 상극이라 나무는 못을 거부하고 못은 들어가기를 망설였으리라 망치로 머리통을 맞고서야 나무 깊숙이 몸을 섞었을 그들이 한통속이 되다니

맞고 들어간 놈이니 맞고 나오리라 싶어 못대가리를 힘껏 내리치고 다시 장도리로 물고 당기니 삐익 비명을 지르며 빠진다 상극끼리 한 몸이 될 때 아팠던 마음이 녹이 되어 서로 붙들고 놓아주지 않는다 못이 나무 속으로 파고 든 줄 알았더니 나무가 못을 품고 있었던 게다 각목에 남은 못 자국 핏발선 눈을 동그랗게 뜨고 나를 노려본다

못 뺐냐고 아내가 묻는다 빼고도 못 뺐다는 대답에 아

내는 고개를 갸우뚱한다 거짓말 같은 참말 참말 같은 거짓말도 있다 궁합이 상극이라 결혼하면 안 된다는 아내를 만나 40여 년 한집에서 아옹다옹하면서 눈과 귀에 못이 박혔고 한이불 속에서 속닥속닥 미운 정 고운 정 녹이 슬었다 녹슨 정은 못이 되고 못은 굳은살로 내 몸이 되었다 정은 들수록 녹이 슬어 반짝반짝 은빛머리로 빛난다

지주를 다 세우고 허리를 펴면서 나는 정수리를 만져보았다 아직 장도리를 맞지 않았는지 귀가 간지럽다 지나가던 솔바람이 속삭인다 빼고도 못 빼는 것이 정이라고

눈 맞았다

겨울잠에서 깨어난 봄눈이
삭풍과 아쉬운 작별을 하고
나풀나풀 날아오던 날
사랑에 막 눈이 뜬 꽃눈은
눈 맞아야 사랑을 한다고
온종일, 흠뻑 눈을 맞는다

누군가 살금살금 다가와
아직 눈도 뜨지 않은 꽃
손으로 살짝 가려준다
나비를 기다리던 꽃눈이
화들짝 놀라 뒤돌아보니
성급한 흰나비 한 마리
겸연쩍게 싱긋 웃고 있다

눈 속에 꽁꽁 숨겨 놓은
꽃잎의 그윽한 향기

속내를 들키고 만 꽃눈은
수줍은 얼굴 살며시 든다
눈 맞으면 사랑을 한다는
말대로, 눈 맞았나 보다

청와(青蛙)

산봉우리 아래 사는
청개구리 한 마리
사시나무 꼭대기에
청와 있단 소문 듣고
뛰는 법, 법을 익혀
이리 폴짝 저리 팔짝
펄쩍펄쩍 용케도
청와 정상에 올랐네

머리 위에 붙은 눈
부리부리 부라리며
안하무인 꽉꽉
기고만장 꽥꽥
노사모를 눌러쓰고
붉은 노을 바라보며
와글와글 궁민 소리
귀 기울여 들었네

주위를 뱅뱅 날던
동굴 속 검은 박쥐
거꾸로 매달린다
쉬파리가 왱왱
숨긴 똥을 찾아내자
입을 꼭 봉하고
아이 돈 노(모른다)
노하고 노하네

지기를 잃어버린 그
거문고 줄을 끊고
부엉이 바위를 찾는다
무현금 타는 법을 몰라
세월만 나무라더니
바람 씨 훌훌 뿌려놓고
바위에서 펄쩍

뷩뷩 새로 날았네

와이지 클럽

우리집 앞 와이지 클럽
장발 미녀가 원통 속에서
빙글빙글 시선을 모은다
간판 밑에 작은 글씨
'남성컷전문'
간 큰 사내 하나
성큼 클럽 안으로 들어선다

흰 가운 입은 여인이
기다렸다는 듯
비어 있는 회전의자를
사내에게 권한다
싸늘한 미소를 지으며
스카프로 목을 매더니
망토를 어깨에 척 걸쳐준다

착각 착각

덜덜덜 카터를 끌고 온 여인
번쩍 가위를 치켜든다
어떻게 잘라 드릴까요?
사내는 다리를 바짝 꼬고
차라리 눈을 감는다
피 한 방울 흘리지 않고
태연히 머리를 자른다

싹뚝 싹뚝

사내가 앉았던 자리에
낯선 얼굴이 앉아 있다
머리 잘린 사내
고개를 갸웃거리다
입맛을 쩝쩝 다신다
어정쩡 목을 만져보더니

슬쩍, 중심을 잡아본다

박주가리

박주가리 보신 소문
늙은이 귀에 솔깃하다
화분에 심어 놓고
이놈의 정체를 살핀다

야합이라는 별명답게
밤에 서로 몸을 감는다
오른쪽으로 감는 고집
작신 꺾어보려고
왼쪽으로 감아 놓았다
어느새 몸을 풀고
기어이 왼쪽으로 감는다

하트 모양의 잎 뒤에
하얀 분을 바르고
열매에 피어난 하얀 깃털
도장의 밥이 된다

핏줄에 흐르는 유액은
시푸른 독을 품었다

이놈이 약이 되기는커녕
약을 올리고 있다
탁발 스님의 목탁소리
청아한 아침이다

낙수

1
공용 침구 더럽다고 혼자만
하얀 홑이불 갖다 덮던 그가
위생이불 덮기 좋아하더니
지명에 얼굴까지 덮었다나

2
지하철이 편하고 빠르다고
공짜로 타기 좋아하던 그는
땅속을 들락날락거리더니
미수(美壽)*에 아주 지하로 갔다나

3
하수오**를 먹고, 뒤늦게
회춘했다고 자랑하던 그가
고개 숙인 옥경이***에게 자랑하더니
고희에 몸까지 빳빳해졌다나

4

죽지 않는 병 걸렸다고

사람만 보면 한탄하던 그는

자식 몰래 보약 사먹더니

망백에 숙원을 이루었다나

* 미수(美壽): 육십육 세. 미(美) 자는 위에 거꾸로 육(六)자, 가운데 십(十)자, 아래에 육(六)로 이루어짐.

** 하수오: 한약재. 새박덩굴의 뿌리 강장제로 쓰임(何首烏: 어찌하여 머리가 검어졌는가의 뜻).

*** 고개 숙인 옥경이: 태진아의 노래 '옥경이' 부분.

논두렁

비싼 물세 내고 채운 논물
다 새고 아래 논만 철렁하다
논두렁에 의심을 품은 삽날
서슬이 시퍼렇게 수사를 한다

물이 줄줄 새고 있는 쥐구멍
물의 비밀지하통로 두더지 굴
물을 세탁 보관하는 지렁이 집
시치미 뚝 떼고 있는 땅강아지

번쩍번쩍 물구멍을 찾던 삽날
지렁이만 싹싹 싹 목을 친다
쥐와 두더지는 잠적해 버리고
땅강아지는 잽싸게 도망친다

쥐와 두더지는 그대로 살려두고
척척 흙을 이겨, 구멍 입구만

번지르르 바른 논두렁 믿고
다시 줄줄 새는 물세를 낸다

세대차

—얘, 밥 먹어라
—배고프지 않아요

하루 세 끼 찾아 먹고 사는
배고픈 할아버지 차는 보리차
시침을 떼고 하얀 밤을 사는
배부른 소연*이 차는 커피차
할아버지와 소연이가
같이 마시는 차는 세대차

—할아버지, 오래오래 사세요
—그래, 너는 넓게 넓게 살아라

고향을 지키다 잠드는
할아버지 차는 땅을 기는 차
지구를 탈출한 우주인
소연이 차는 하늘을 나는 차

할아버지와 소연이가
같이 타는 차는 세대차

지금, 할아버지와 소연이는
고장난 시계가 걸린
두꺼운 벽을 힐끗 훔쳐본다
앞서가던 할아버지 차를
추월한 소연이 차와 거리의
차는 차 세 대 차

* 러시아 소유스 TMA-12호에 탑승한 한국 최초의 우주인, 이소연.

소변금지

햇빛마저 눈길을 거둔
차디찬 콘크리트 담벼락
협동으로 그린 동양화 한 폭
상단은 힘차게 솟는 분수
중간은 쏟아지는 폭포수
하단은 축축하게 흐르는 강
땅 위에 지린 듯 찍은 낙관
삐뚤빼뚤 서툰 글씨로 쓴,
큼지막한 화제(畵題) 네 글자
'소 · 변 · 금 · 지'

서당에서 한자를 익힌 어르신
우에서 좌로 읽더니
거침없이 대필을 꺼내들고
먼저 그림에 가필을 한다
학교에서 한글을 배운 어린이
좌에서 우로 읽더니

세필을 움켜잡고 울면서
바지에다 새 그림을 그린다
해석은 좌우가 좌우한다 듯
여기저기서 화제가 분분하다

두 다리로 서서 그리면
벽상(壁上)이 노상(路上)이고
세 다리로 서서 그리면
노상이 벽상이다
술 취한 사람만, 노상
방뇨(放尿) 올가미를 쓴다
개 같은 놈, 개는
제 올가미를 만들지 않는다

빨고 빤다

자궁에서 나올 때
죽음을 서약하고
태반에 빨간 도장을 찍었다
이 세상에 나와서야
서약을 후회하면서 울었다

죽기 위해서 빨아들인다
맨 먼저 어머니의 젖을 빨고
손가락, 숟가락, 쭈쭈바
혀, 유두, 돌출부를 빨고
약, 피, 링거를 빨고
이목구비 오관을 통해 빤다

죽기 위해서 빨아버린다
더러워진 옷을 빨고
때 묻은 몸을 빨고
죄로서 시비를 빨고

혀로 정부를 빤다
손으로 빨고 몸으로 빤다

빨 것도 없고
빨 수도 없을 때
나는 나를 빤다
계약이 끝나고
계약서를 불태우는 날
하얀 소지로 피어오른다

검정 고무신

엄니가 장날 사 오신
속 좁은 검정 고무신
새것에 사로잡혀
다음 장을 못 넘기고
불쑥 발을 넣는다

불쑥 들어간 신방
작은 듯 옥죈다
꼬물꼬물 새끼발가락은
제 몸을 움츠린다

미어질 듯 부푼 볼
끝내 물집 잡힌 뒤꿈치
너는 제 몸을 늘여
무딘 발을 품으리라

물집에 새살 돋을 즈음

질깃질깃한 사랑으로
나를 태우던 너는
다른 길을 떠나리라

제3부

절로 간다

—절로 가려면 어디로 가요?
—절로 가요

절더러 절로 가래요
절로(絶路)에 절이 있대요

절로 가서 절을 하며
절절한 소원을 빌래요

너도 나도 절로 절로
우리 모두 절로 간대요

감나무

노란 감꽃이 필 때부터
감나무는 카운트다운을 했나 보다
비 오고 바람 불던 밤에
몰래 점등식을 했다

수백 개의 주황색 등을
가을 하늘에 매달고
수줍은 듯 아침 해를 맞는다
알록달록한 카펫
차디찬 땅 위에 펴고
모르는 척 바람을 맞는다

까치 한 쌍이 날아와 앉는다
주례도 없는 식장에
신랑신부가 팔짱을 끼고 입장한다
신랑은 내가 거울에서
가장 많이 본 그 사람이고

신부는 마누라 몰래
내 가슴에 숨겨놨던 그 여인이다

까치가 날아올랐다
철퍽 홍시 하나 떨어지는 순간
비로소 꿈에서 깨어났다

연기

송광사 향로전에서
사미승과 이옥*을 만나
선문답을 듣는다
이옥이 담배를 피운다
부처님 앞에서는
금연이라는
사미승 말에 대꾸한다

향연은 선연이고
초연은 악연인가
향과 초는 달라도
연기는 하나
둘 다 불로 인해서
연기로 피었다
사라질 뿐이라고

담뱃재는 떨어지고

연기는 허공을 맴돌다
자취도 없이 사라진다
인간도 세상 향로에서
인연 따라
한 줄기 연기로 피었다
무로 돌아가는
연기가 아니던가

* 이옥: 조선후기 문인.

조개의 덫

바닷물이 아니라도
뜨거운 사랑이라면
목숨을 걸고, 활짝
속살 까놓는 조개

수줍어서가 아니고
제 마음 내키지 않아
입을 다물고 있거든
절대 강요하지 마라

누구나 간직하고 싶은
비밀이 있는 법
누구나 감추고 싶은
치부가 있는 법

너무 알려고 덤비면
악취 풍기는 염문과

꾹 참았던 까만 울음
한 모금 왈칵 쏟으리

배추 솎는 날

IMF 파동으로 밀려난
H회사의 김과장, 오늘은
인사부장이 되었다
아들 없는 송영감 댁
데릴사위였던 아버지
그가 물려준 텃밭에서
배추를 솎아내고 있다

밥 한 그릇 앞에 놓고
서로 먹겠다 싸우는 놈
잘난 놈 틈바구니에서
제 구실 못하는 놈
고질병으로 비실대는 놈
평온하던 배추밭에
퇴출바람이 세차게 분다

마름*집 병신 아들에게

민며느리로 간 여동생
서울 부잣집 수양딸로
팔려간 이웃집 순이가
배추밭에서 어른거린다
쏙쏙 뽑아내던 그의 손
머뭇머뭇 더듬거린다

둘도 많다 하나만 낳자
싹도 트지 못한 배추씨
좁고 토박한 초가삼간
소복하게 돋아난 새싹
밥그릇 수를 줄이자는
구조조정, 그 뒤에는
남루한 가계가 있었다

* 마름: 지주를 대리하여 소작권을 관리하는 사람.

줄 잡은 완두콩

눈 없는 완두콩 줄기
줄사다리를
칭칭 움켜잡고 오른다
까치발을 짚고
휘휘 허공을 더듬던 손
줄이 있는 줄
어떻게 알고 꽉 잡았나

줄을 잡은 완두콩 줄기
분명 눈이 있다
숨겨 놓은 눈
귀가 있다
그들만의 밀어를 듣는
누구도 모르는
그들만의 암호가 있다

그 비밀을 모르는

연초록 고구마 줄기
줄 하나 잡지 못하고
검은 시간 속
엉금엉금 기고 있다
노랑 파랑 초록 꽃
삼박 피워 문
고구마의 손을 더듬어본다

늑대 불알은 싱겁다*

대전 오-월드 사파리
음침한 숲 속에서
늑대가 힐끔힐끔
사람 구경을 한다
늑대는 철조망 너머
동족을 바라본다

하얀 양과 팔짱을 낀
여우 같은 아가씨
-저 늑대 좀 봐
양은 싱긋 웃으며
-늑대가 무서워?
팔짱을 고쳐 잡는다

성긴 철조망을 경계로
늑대가 늑대를 본다
늑대는 늑대를 안다

늑대는 제 자신이
늑대라는 것을 모르고
서로 늑대라고 우긴다

어느 늑대가 진짜
늑대 같은 늑대인가
불알을 맛보면 안다
늑대 불알은 싱겁다
내 손에 움켜쥔 땀
그 맛은 짭조름하다만

* '싱겁기는 늑대 불알이다.' 라는 말로 사람이 아주 멋없고 몹시 싱거움을 비유한 속담.

매미의 집

속 알갱이 다 빼주고
뒷전에 웅크리고 앉았던
검정 비닐주머니
돌개바람에 붕 떠올라
대추나무 가지에 걸려
옴짝달싹하지 못한다
고향집 마루 끝에
어머니가 졸고 있다

두꺼운 허물 벗어던지고
제 집 뛰쳐나온 왕매미
어둡고 긴 기억을 토하며
속을 환히 비워낸다
대추나무를 움켜잡은 채
한 줄기 솔바람에도
가슴 부푼 비닐주머니
긴 한숨을 푹 내쉰다

꼬박꼬박, 졸던 어머니
미국으로 이민 간
아들의 목소리를 듣는다
—맘맘맘 마암!
—오냐!
매미는 어디론가 날아가고
대추나무 그림자만
어리둥절 두리번거린다

거리의 마술사

버스 승강장에서 한 젊은이
담배로 마술을 부리고 있다
쪽쪽 빨고 있던 담배 가치를
순식간에 감쪽같이 감춘다

켁켁, 담배 연기를 삭이더니
끅끅, 목구멍을 긁어 올린다
누르끈끈한 액체덩이 하나
길바닥에 함부로 내던진다

행방을 감추었던 담배꽁초
그가 섰던 구둣발 밑에서
반짝반짝 할딱이는 숨결로
보도에 납작하게 눕혀 놓았다

버스가 승강장에 닿자마자
가슴 깊이 품었던 제 분신,

한때 뜨거웠던 사랑을 두고
그는 버스 속으로 사라진다

한 사내가 내버리고 간
마법의 흔적, 파르르 떨다가
더러운 구둣발에 짓밟히고
바람 따라 이리저리 떠돈다

장님은 봉사로 산다

깜깜한 밤중에 한 농부가
들로 나간다
'순간포착 세상에 이런 일이'
TV 화면 속에서
가는 막대 하나 등불 삼아
밤을 걸어간다
그는 세상을 약분해서 사는
앞 못 보는 장님이다

그는 밤낮을 가리지 않고
어둠마저 환하게 산다
그는 더러운 것이 없는
하얀 세상을 산다
그는 눈 뜬 사람도 못하는
마을의 맥가이버다
고장 난 기계 고쳐주는
진짜 공짜 봉사를 한다

평생을 장님으로 살던
그가 눈을 뜬다
처음 보는 낯선 풍경
전생이 와르르 무너진다
오매불망하던 빛을 보고
어둠이 그리워진, 그는
다시 눈을 감고 싶다
아주 딱 감고 싶은 것이다

장님은 봉사로 살고
봉사는 눈 딱 감고 해야 한다

날강도

도강하던 우람한 사나이
도끼로 얼음을 내리찍는다
꽝꽝 으름장을 놓는 얼음
도끼날의 강도와 맞선다

날이 시퍼렇게 선 도끼날
꽁꽁 언 얼음벽을 뚫고
물속 빙어까지 낚아챈다
도끼의 강도는 날강도다

금품을 터는 강도
강도를 재는 강도
목숨까지 뺏는 살인강도
칼조차 버린 날강도

하얀 백지에 낙서하고
남의 생각 훔쳐다 팔아

훈장까지 받은, 날
강도라면 어느 강도일까?

정기검사

자가용 정기검사 받는 날
검사원에게 그녀를 맡기고
대기실에서 기다리는 중이다
아침에 때 빼고 광내고
향수 뿌리고 나온 그녀다
아무 이상 없기를 바라며
담배 한 대 피워 물고
좌불안석 그녀를 지켜본다

검사대에 네 발을 척 걸친
그녀, 꼼짝도 못한다
길고 꼿꼿한 쇠봉
꽁무니에 밀어 넣자마자
시커먼 숨을 몰아쉬며
자지러지는 소리를 낸다
분명 뒷구멍이 터지거나
갈기갈기 찢어졌으리라

사색이 되어 출구로 나온
그녀 손에 쥐어진 진단서
—C02 배기량 초과. 재검
보이지 않는 그녀 몸속에
시커먼 화가 잔뜩 찼단다
차를 자주 운행하지 않고
엑셀을 살살 밟아준 게
재검의 원인이라고 한다

눈높이는 위에만 있었고
시선은 앞에만 있었다
속에는 관심이 없고
겉모습만 보고 살았다
부드러운 몸짓만이
사랑인 것으로 오판했다
그녀가 내지른 것은

아파서 지른 비명이 아니었다

제4부

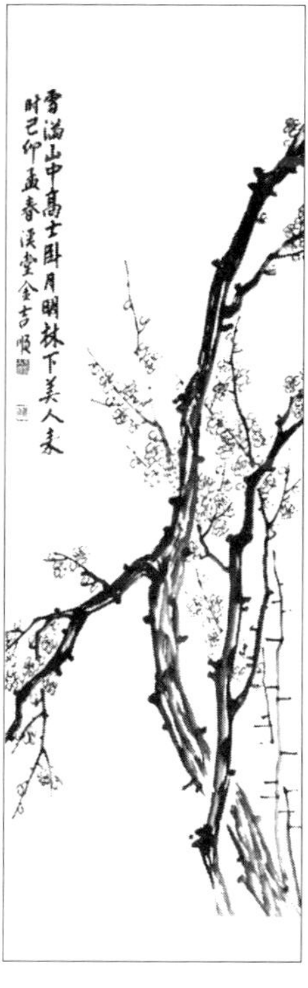

안개 마을

시야를 가린다
가까운 곳도 먼 곳도
가늠할 수 없는 안개 마을
눈 뜬 사람이 흘러다닌다
말소리도 쇳소리도
어슴푸레 골목을 헤매고 있다

눈을 닫고 귀를 열자
따스한 빛살이 밀려들었다

아궁이

오랜만에 시골집을 찾아
기웃기웃 기억을 더듬는다
통장작, 콩깍지, 보릿짚
게걸스럽게 먹어치우고
시뻘건 열정을 훅훅 토해
아랫목을 절절 끓게 하던
검게 그을린 사랑 아궁이
텅 빈 아가리 쩍 벌린 채
어둠의 고요를 물고 있다

아궁이 가까이 갔을 때
후다닥, 뛰어 도망치는
시커먼 고양이 한 마리
뒤이어, 영문도 모르고
야옹야옹 뒤따라 나오는
새끼 고양이 세 마리
언제부터인지 고양이가

전세 한 푼 내지 않고
가솔을 데리고 살고 있다

우리집 밥을 훔쳐 먹던
그 얄미운 고양이 후손이
대를 이어 지키고 있다니
한솥밥을 먹은 보답인가
빈집은 공가(空家)가 아니었다
사랑채 기둥에 희미한
'슬하자손만세영(膝下子孫萬歲榮)'
꼬무락꼬무락 기어 나와
제 어미를 찾아 헤매고 있다

뿡

쫄바지 입은
? • ?
오른쪽으로 돌자
엉덩이가 부푼다

좌우가 씰룩쌜룩
앞서거니 뒤서거니
비비적비비적
• 을 돌린다

똑
  똑
똑
하이힐 노크소리

빗장 풀고 나온
뿡

뽕
뽕

똑똑하지 못한, 나는
똑똑한 하이힐
뒤따라가는
한 마리 누에

그림자 없는
쓰레기 속에서
꿈틀꿈틀
뽕을 먹는다

정자나무

1945년 해방되던 해
마을 뒷산에서 양자 온 느티나무 한 그루
상세동* 마을회관 앞에 서서
'영송정(迎送亭)' 을 명명하신
울 아버지 대신 나를 반기고 있다

원래 이 자리엔 몇 백 년 묵은 갯버들이
마을의 역사를 짊어지고 가난한 할미처럼 서 있었다
번개와 비바람에 가지를 모두 잃고
속이 썩어 구멍이 뻥 뚫린 채
여려터진 늦둥이 하나 데리고 근근이 살다가
개구쟁이들 불장난으로 까맣게 사라졌다

마을 사람들이 토해 놓은 숱한 이야기가 숨 쉬고
누군가 바람결에 흘리고 간 말들이 수런거린다
새파란 전설의 이파리를 가지마다 빼곡히 달고
해가 뜨면 일산(日傘)이 되고 비가 오면 우산(雨傘)이

된다

삼베잠방이 입고 어정대는 등 굽은 어르신네
가랑이 사이 덜렁대는 것을 보고 킥킥대던 꼬마들
지금은 그 나이가 되어 길손을 헤아린다
점심을 이고 들에 나가는 베적삼 입은 아낙네
앞가슴을 훔쳐보며 발걸음을 붙잡던 느끼한 시선들
지금은 산속에 누워 솔바람 속에 잠들었다

전설이 수북이 쌓인 영송정 아래
기골이 장대하신 울 아버지가 우뚝 서서
오는 사람 맞고 가는 사람을 전송한다

* 상세동: 대전시 유성구에 위치한 마을 이름.

관계

누드에
W X Y를 새긴다
W X Y는
⑲다

W는 필기체보다
활자체가 팽팽하고
X의 피어싱은
빛을 좋아한다
y보다는
Y가 뻔뻔하고
Y보다는
M이 더 야하다나

W X Y가
  W
  X

Y
로 변화를 보이거나
비릿한 냄새가 나면
너는 무조건
Z를 기억하라

Z 앞에는
WXY가 있고
WXY 뒤에는
Z가 있다
W는 항상
XYZ*에 관심이 크다
편안한 ZZZ는
지퍼가 열어간다

* WXY: 영어의 속어로서 (바지의)지퍼가 열렸어요!(Examine your zipper!) 라고 주의를 요하는 말.

쟁기봉 소나무

쟁기봉* 등산로 한복판
가랑이 쩍 벌리고
퍼질러 앉은 소나무
오가는 사람에게
추파를 던진다

벌건 허벅지
밟을 때마다 움찔움찔
온몸 부르르 떤다
솔바람의 달콤한 밀어에
고개 끄덕이다가
끈끈한 애액을 토하며
틈새를 엿본다

'밑만 바라봐'
한 사내 한눈팔다
발목 잡혀 나뒹군다

또 한 사내 밑만 보고
아무 일 없이 지나간다

* 장기봉: 대전시 복수동 유등천 가에 있는 작은 산봉우리.

설날 아침에

서설이 쌓인 설날
눈길을 걸어
어머니를 찾아뵙는다
내리는 눈은
땅을 만나기 전에
눈물이 된다

첫눈이 내리던 날
하늘나라 가신
설국의 어머니
상석에 하얀 백설기
소복이 차려놓고
나를 기다리고 계셨다

하얀 소복을 입고
하얀 수건을 쓰고
미사를 올리다가

눈길을 걸어온
나에게 눈길 주시며
눈물을 흘리신다

눈물자국이 남긴
까만 눈구멍
백발이 되신
어머니의 머리를 본다
눈물보다 진한
눈물이 뺨을 적신다

옥슈슈*

옥슈슈(18세)는 농장에서
강제로 납치를 당했다
겉옷을 벗기더니
속옷까지 벗겼다
구석구석 깊이 박힌
터럭마저 뽑아버렸다
뽀오얀 속살이
부끄럽게 드러났다
뜨거운 욕실에서
증기 사우나를 시켰다
몸에선 김이 모락모락
식욕을 일으킨다

군침을 꿀꺽 삼키고
입맛을 한번 다신다
코를 벌름벌름
체취를 맡는다

혀끝을 날름날름
체온을 핥는다
입술에 침을 바르고
욕심을 채우기 시작한다

가장 통통한 곳부터
밀폐된 공간에 감금하고
야금야금 유린한다
허겁지겁 짝짝, 쩍쩍
침을 발라가며
상하로 좌우로 씹어댄다
이리저리 뒤척이며
달콤한 맛을 만끽한다

농익은 몸뚱이가
형체를 알아볼 수 없게
흐물흐물 녹아내린다

옥슈슈는 잘강잘강
이빨의 톱질에 해체된다
빨간 동굴 속에
슬그머니 시체를 유기한다

옥수수를 먹으며 TV를 본다
'엽기살인사건 범인 검거'
긴급뉴스 자막이 뜬다
나도 체포 직전의 현행범이다
경찰차의 경고음이
점점 가까이 들려오고 있다

* 옥슈슈(玉蜀蜀): 옥수수의 옛말.

일회용 컵

찬바람 부는 거리에서
커피 자판기 빨간 등이
반짝반짝 유혹을 한다

누군가의 선택에 따라
백동전 세 개의 헐값에
함부로 몸을 연다
딸깍하는 순간부터
입을 맞추고 있다
뜨거운 사랑을 나누니
향기롭고 달콤한 맛이다

물컹하게 젖은 속내
시치미 뚝 떼며
원 나이트, 굿 바이!

담쟁이덩굴

담장 너머 바람의 혀가
담쟁이덩굴을 유혹한다
제 키보다 수십 배나 높은
담벼락을 기어오른다

낮에는 파랗게 질린 얼굴로
찰싹 붙어
발발 떨고 있다가
밤에만 살금살금 담을 낮춘다

손발톱을 뽑아서
발판에 촘촘히 박아 놓고
몸을 길게 늘여
아슬아슬 자일을 탄다

담벼락에 타오르는 불꽃
담쟁이덩굴을 태울 때

아직도, 귓속을 파고드는
바람의 혀가 나를 삼킨다

겨울 산행

너야, 바로 너야!
차가운 곡선과 무색의 설원
시린 향기와 잠든 숨결이
나를 빨아들인다

가자, 다가가자!
눈부시게 하얀 피부를
눈으로 핥는다
네가 간직한 비경을
네 발로 더듬는다
지팡이에 몸을 싣고
아이젠으로 꼬집으며
정점을 향해 기어오른다

끙끙, 헉헉, 헐떡헐떡
너의 호기를 삼키고
체열을 토한다

체액은 흘러 내(川)를 이루고
두 다리는 무거워진다
네가 허락하는 대로
차곡차곡 발자국을 쌓는다

야호! 정상이다
너는 이제 내 발 아래
천하가 엎드려 하례할 때
너의 품에서 풀려난다

산신제

청양 칠갑산 산제단에서
산악회 고사를 지낸다
산신 대신 돼지머리가
제단에 앉아 고사를 청한다

—네 소원을 들어 주겠노라

두 귀를 쫑긋 세우고
소원을 듣는 척한다
코를 벌름거리며
돈 냄새만 맡는다
다문 듯 벌린 입에
뇌물 아닌 성금 봉투
한입 가득 물고
희소인지 조소인지
눈웃음만 살살 친다

—불신도 불경이다

소원성취를 굳게 믿는
약자는 입을 꽉 다물고
봉투 속을 아는 머리
묵비권으로 일관한다
몸통은 어디 있는지
소문만 무성하게 나돈다

돈 먹은 돼지머리는
빙긋, 아무런 말이 없다

그놈

북촌 마을 사는 김선주(金船主)
먹어도 배가 통통
굶어도 배가 통통
그놈, 뱃속 통 알 수가 없다

배를 척척 세는 김선주
알고도 모른 척
하고도 안한 척
그놈, 배짱 한번 두둑하다

대포 잘 쏘는 김선주
별을 쏜다 꽝꽝
고래를 잡는다 쾅쾅
그놈, 대포 지구가 시끄럽다

그 마을 사람들은 그놈을
위대한 동지라 부르고

다른 사람들은 그놈을

노구(老口)*라 평한다

* 노구(老口): 한국에서만 쓰이는 한자, 놈(耂)=노(老)+구(ㅁ).

제5부

이팝나무

이팝나무 아래
지천인 흰쌀 알갱이들

밥알을 주워먹던
꽃제비* 쪼로록 날아와

—통일이 안 돼서리
　먹을 수 없시오

한때의 바람이 불어와
쌀알들을 바닥에 흩어놓았네

* 꽃제비: 북조선의 구걸하는 어린이들을 일컫는 말로서 '떠돌이' 라는 뜻의 러시아어에서 유래.

비누

두 손 모아, 그녀에게
소원을 빌고 빌었다
나를 닮은 조각 하나와
나의 짐을 덜어 달라고

그녀는 물 한 모금 마시고
제 몸을 깎아 반죽하더니
욕실 안에, 나와 꼭 닮은
조각을 하나 빚어 주었다

물 한 모금 다시 마시고
짙은 향기 불어넣은
풍선을 내 몸 가득 매달아
마음까지 둥둥 띄워 올렸다

제 한 몸 다 바쳐
내 소원을 들어준

그녀의 향기를 맡으러
오늘도, 네 방을 기웃거린다

HAY*

H로 출발하여
A로
Y로 살아온 부부
손잡고 산책을 한다
근육이 뼈를 떠나
H를 기억하지 못한다

기우뚱 끼우뚱
오리의 상형문자
상체로 쏠린 A를 쓰다
Y라는 아랫도리를 더듬으며
몸이 말을 한다

HAY가 무슨 뜻일까?
고개를 갸우뚱하는
젊은이에게
영어사전이 귀띔한다

—뼈 빠지게 일 했어도
받은 보상은
마른 풀같이
바삭거리는 삭신
잠 못 드는 밤
마리화나 사 먹을
돈도 없다

산책로에
썼다 지우고
다시 쓰는
신화(身話) 한마디
HAY…… HAY……

* HAY: 사전상 말린 풀, 돈, 보상, 반각성 상태, 마리화나 등의 뜻.

오녀산성(五女山城)*

깊고 높은 봉우리 위에
유두로 솟은 암벽
그 정상에 생명의 젖이 흐른다
오녀가 목숨 걸고 지킨
중국 요녕성의 오녀산성

버림받은 부여의 왕자
죽음에 쫓기던 주몽을
오녀는 치마폭에 숨겼단다
주몽에게 마음을 준 그녀는
외인의 입성을 거절하고
주몽의 유모가 되었단다
골방에 감추어 놓고
몰래 왕재로 키웠단다
고구려의 건국
동명왕(東明王)의 등극으로
성지가 된 오녀산성

큰 날개를 펴 중원을 주름잡던
삼족오가 멀리 날아간 후
그녀는 까막과부로 살다가
성은 현대의 전시장이 되었다
그녀는 돈을 받고
성을 여는 여자로 전락했다
돌아오지 않는 주몽을
기다리며, 흘린 눈물은
비류수(沸流水)**로 흐른다
그녀는 과연 누구의 여인인가

* 오녀산성: 고구려 시조 주몽이 나라를 세우고 최초로 쌓은 성.
** 비류수: 중국 랴오닝성과 지린성의 접경지대를 흐르는 강.

목사리의 영광

떠돌이 삽살개 한 마리
부잣집 쓰레기통 뒤지며
혼자만 제 몸 불리더니
어렸을 때 맨 질긴
목사리에 덜미를 잡혔다

이름 있는 개일수록
목사리가 튼튼한 법
자랑스러운 목사리
누군들 싫어하랴만
한번 맨 목사리
풀지도 바꾸지도 못하고
올가미가 되어
숨통을 죌 줄이야

차라리 똥개가 부러운
화려한 목사리의 영광

차라리 워리가 그리운
허울 좋은 닉네임
그게 밥줄인 줄 알고
그렇게 살다 그렇게 죽는
삽살개의 아릿한 이름
그렁그렁 목이 간지럽다

때죽나무

가파른 여울 바위 틈에
때죽나무 한 그루가
오두막을 짓고 산다
어느 해, 큰물이 났을 때
제방을 지키다가 다친,
뭉그러진 채 아문 발
지팡이를 닮았다

바람이 날라주는 분진과
눈비로 끼니를 때운다
재잘대던 새들마저 떠난
빈 둥지를 인 채
몸뚱이만 남아 집을 지킨다

폭풍우와 눈보라 속에서
작아도 야무진 몸
제 이파리조차 떨쳐버리고

홀로이 곧게 흔들리고 있다

지령 1호

오륜선을 타고
삼강을 오르내릴 때
산사의 목탁소리
귓바퀴를 돌고
성당의 종소리
가슴으로 여울진다

거리의 신호등
가는 길을 막고
민중의 지팡이
뱀으로 돌변하더니
곳곳마다 번뜩이는 눈
숨통을 조른다

콜록콜록, 찾아든 곳
그곳은 거미줄로 얽힌
끈적끈적한

사이버 공간
자판기의 기호를 쪼며
모니터의 단맛을 핥는다

이때, 핸드폰 메시지가 뜬다
　　'지령 제1호.
　　너는 그물에 걸렸다.
　　빨리 탈출하라!
　　오버'

뿌리 공원*

뿌리 공원 소나무 사이에
학이 된 할아버지들이
손에 씨(氏) 하나씩 들고
뿌리 자랑하고 서 있다

맨 위쪽 우리 할아버지
빛바랜 관모를 벗어
소나무 가지에 걸어놓고
횃불을 높이 들고 서 있다

거꾸로 자라는 뿌리
죽어야 자라는 뿌리
보이지 않던 뿌리가
여기에 드러나 있다

대나무 땅속줄기처럼
마디로 자라는 뿌리

나도 저 뿌리 맨 끝에
한 마디가 되어간다

* 뿌리 공원: 각 성씨의 내력을 담아 비로 세운 공원.

구순(九旬)

장모님 졸수연에 갔다
미풍에도 날아갈 듯한
할미꽃 한 송이
위로 높이를 낮추고
옆으로 넓이를 줄여
넓은 공간 다 내주고
허리까지 굽혔다

홀 안 가득한 음표들
할미꽃 물관을 통해
나노의 미동으로
잔잔히 넘쳐흐른다
치맛자락 살포시 잡고
손가락만 까딱까딱
춤사위가 하늘거린다

멀고도 가까운 손짓으로

팽팽히 생을 당기고
꽃을 보는 연연한 눈빛
환한 부챗살을 펼친다
입술 들썩이던 꽃잎들
구순한 가락 속에
웃음이 활짝 피어난다

하느님, 뭐 하세요

오랜 세월 나룻배가
수없이 오가며
꿰매도 못 꿰맸던
찢어진 땅
다리는 꿰매 놓았다

태초 이래 먹구름이
무수히 넘나들며
꿰매도 못 꿰맸던
갈라진 하늘
터널은 꿰매 놓았다

멀쩡하던 한반도
철망으로 찢어놓고
반세기 동안
꿰매고 꿰매도
꿰매지 못하다니

찢어진 자연은
사람이 꿰맸으나
찢어진 마음은
누가 꿰매야 하나
하느님, 뭐 하세요

예초기

통통통
키다리 망초가
두리번두리번 망을 본다
왜애앵
헬리콥터가 내려앉는다

망초는 망조가 들고
바랭이는 발발 기고
쑥은 쑥대밭이 된다
잠복하고 있던 돌멩이
몸을 던져 날개를 세운다

와자작 탁
돌멩이는 탄환이 되어
허공을 찢는다
돌멩이 값은 하고
죽겠다는 각오로 맞선다

6월이다 그날의 기억들
소총으로 전투기를 쏘고
수류탄으로 탱크를 막던
그날의 육탄용사
그의 몸값은 얼마나 될까?

시인의 말

풋것인 채로 첫 시집을 낸다.
지렁이 걸음으로 닿은 황량한 벌판
그리고 詩, 그 풍경 속으로 들어가
다시는 영영 나오고 싶지 않았다.

봄물 가득 했던 발걸음 옮길 때마다
일제히 숨을 몰아쉬며
시리도록 환하게 피어오르는 환한 꽃
물안개 활활 벗어 던진 열정, 봄날인 것이다.

나를 지탱해온 조촐한 詩에 대하여
소중한 詩에 대하여
나를 아는, 나를 모르는 이들에게
마음 깊이 감사드린다.
차마 부끄러운 생각을 앞세운다.

2009년 겨울
조성국

늑대 불알은 싱겁다

2010년 1월 15일 초판 1쇄 찍음
2010년 1월 19일 초판 1쇄 펴냄

지은이 _ 조성국
펴낸이 _ 양동문
펴낸곳 _ 詩와에세이

신고번호 _ 제319-2005-000014호
주소 _ (120-865) 서울시 서대문구 북아현동 1-495 세방그랜빌 2층
대표전화 _ (02)324-7653, 313-4023
팩시밀리 _ (02)392-4023
휴대전화 _ (011)355-7565
전자우편 _ sie2005@naver.com
공 급 처 _ 한국출판협동조합
주문전화 _ (070)7119-1741~2
팩시밀리 _ (031)944-8234~6

ISBN 978-89-92470-44-5 03810